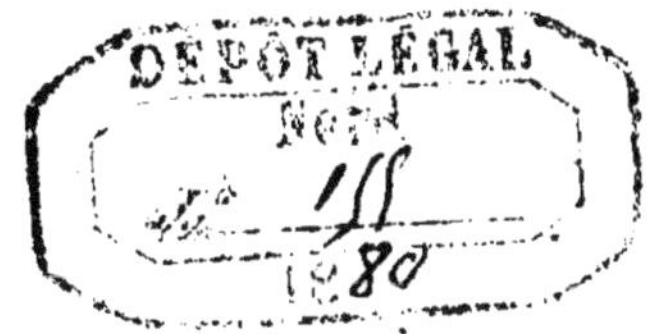

AUGUSTE-HUMBERT-PHILIPPE-FRANÇOIS

PREUX

NÉ À DOUAI LE 20 JUILLET 1822

Substitut à Moissac le 10 mars 1849 ;
Substitut à Doullens le 19 mars 1850 ;
Substitut à Abbeville, le 2 avril 1851 ;
Substitut à Amiens le 15 avril 1852 ;
Procureur à Hazebrouck le 1er avril 1854 ;
Substitut du Procureur-Général à Douai, le 19 décembre 1857 ;
Avocat-Général à Douai le 5 décembre 1861 ;
Chevalier de la Légion d'Honneur le 15 août 1869 ;
Procureur-Général à Limoges, le 8 mai 1875 ;
Procureur-Général à Riom, le 8 septembre 1877 ;
Procureur-Général à Agen le 23 juillet 1878 ;
Démissionnaire le même jour ;

Mort à Paris le 28 Novembre 1879

Un coup aussi terrible qu'inattendu vient de frapper une famille douaisienne: notre concitoyen M. Preux est mort subitement hier à Paris, à l'âge de 57 ans.

Ancien procureur-général, chevalier de la Légion-d'Honneur, membre honoraire et second vice-président de la *Société d'Agriculture, des sciences et des arts* de notre ville, M. Auguste Preux avait débuté en 1849, comme substitut au procureur de Moissac (Tarn-et-Garonne), puis à Doullens en 1850, à Abbeville en 1851, à Amiens en 1852, dans la carrière judiciaire où s'était illustré son père; revenu bientôt dans le ressort de notre Cour d'Appel, il rentra en 1858, comme substitut du procureur-général, pour devenir avocat-général en 1861, dans sa chère ville de Douai, où devaient le fixer non-seulement les plus douces affections de famille, mais aussi un goût irrésistible pour les recherches historiques. Ce ne fut qu'en 1875 qu'il céda aux sollicitations les plus pressantes et abandonna Douai pour devenir procureur-général à la Cour de Limoges, d'où il fut bientôt transféré à Riom. On sait dans quelles circonstances fut brisée une si belle carrière; on sait avec quelle indépendance et quelle dignité, notre concitoyen, après trente années d'éminents services, rentra dans la vie privée.

Archéologue passionné, numismate du plus grand mérite, collectionneur intelligent, M. Preux était, pour l'histoire locale, une sorte de dictionnaire vivant, toujours ouvert aux nombreux chercheurs qui s'adressaient à lui et jamais inutilement. Des matériaux accumulés depuis quarante ans, une magnifique collection de matrices de sceaux, la plus riche que l'on connaisse et que citait déjà comme telle, en 1863, feu le marquis de Laborde, directeur des Archives nationales, une réserve immense d'érudition, tout cela n'attendait, pour être mis en œuvre, que des loisirs refusés jusqu'alors à l'éminent magistrat. Les loisirs étaient venus enfin; mais Dieu n'a pas permis que l'œuvre fût achevée et inopinément M. Preux a été ravi à sa famille, à ses nombreux amis et à la science.

(*Gazette de Douai* du 30 novembre).

La mort vient de frapper, à l'âge de 57 ans, notre honorable concitoyen, M. Auguste Preux, ancien procureur-général, vice-président de la *Société d'Agriculture, sciences et arts* de Douai.

Après avoir occupé à Douai les fonctions d'avocat-général à la Cour d'Appel, M. Preux avait quitté notre ville pour prendre les hautes fonctions de procureur-général, qu'il abandonna, avec autant de dignité que d'énergique résolution à la suite d'un changement qu'il ne consentit point à accepter.

Rentré à Douai, il se livrait à ses chères études, à d'importants travaux archéologiques, au milieu d'une population qui l'aimait et lui donnait journellement des témoignages d'estime et de considération.

La mort foudroyante qui a enlevé M. Auguste Preux à sa famille et à ses concitoyens a vivement impressionné la population. Nous joignons l'expression de nos sympathiques regrets à ceux qui se manifestent dans cette douloureuse circonstance.

(Extrait de l'*Indépendant* de Douai du 2 décembre).

Nécrologie.

Une douloureuse nouvelle est venue, samedi dernier, contrister les nombreux amis d'une très honorable famille, qui semblait avoir acquis droit de cité parmi nous, tant ses relations avaient été amicales dans la société, tant sa participation active aux œuvres de charité l'avait désignée à la reconnaissance des pauvres.

M. Preux, ancien procureur-général près la Cour de Limoges, était arrivé, jeune encore, par suite de promotions diverses, à vivre comme simple particulier à Douai, son pays natal. L'étude, les soins donnés à l'éducation d'un fils très aimé lui procuraient des consolations dans sa retraite prématurée. Ce digne magistrat est mort subitement au moment où le repos commençait à se faire dans son existence, hélas éprouvée, comme tant d'autres, par l'instabilité des temps que nous traversons ! — Tout fait espérer que son âme si droite et avant tout si chrétienne n'aura pas été surprise, malgré la soudaineté du coup qui l'a frappé. On se souvient à Limoges qu'il ne rougissait pas de ses sentiments religieux. Ceux qui ont connu son intérieur savent que les pratiques de la charité, de la prière, de l'abstinence y étaient constamment observées par lui et par les siens.

M. Preux avait conquis dès son arrivée à Limoges l'estime de tous les membres de la Cour. On voyait en lui le digne descendant d'une *grande famille de magistrature*, comme on le lui disait avec beaucoup d'à-propos le jour de son installation. Il était arrivé *échelon* par *échelon* à la tête du parquet de Limoges où traditionnellement notre pays rencontre le travail, le talent, l'aménité dans les rapports si multiples et si variés de ce poste éminent.

Que la veuve et la pieuse famille de notre ancien procureur général, qui était devenu presque notre compatriote, veuillent bien agréer la part de regrets donnée par la ville de Limoges à l'homme honorable qu'elle a connu trop peu de temps.

P.-R. M.

(Extrait du *Limousin et Quercy* du 7 décembre).

Funérailles de M. Preux.

Les funérailles de M. Preux, ancien procureur-général, chevalier de la Légion-d'Honneur, ont eu lieu ce matin à onze heures, en l'église Saint-Pierre.

L'assistance était des plus nombreuses Les coins du poële étaient tenus par MM. Bardon, premier président, Alfred Dupont, père, administrateur de l'Association des anciens élèves du Lycée, Maurice, vice-président de la Société d'Agriculture, Tronsens, représentant de la Légion-d'Honneur.

Sur la tombe, les discours suivants on été prononcés :

Discours de M. Maurice,
Conseiller à la Cour d'Appel,
Vice-Président de la Société d'Agriculture,
Sciences et Arts de Douai.

Messieurs,

Si j'en juge de vos cœurs par ce que j'éprouve moi-même, le sentiment qui vous oppresse est encore celui d'une douloureuse stupeur. Vos esprits, n'est-il pas vrai, refusent de se rendre à l'implacable réalité; ils ne peuvent se faire encore à l'idée que de cette intelligence si active, de cette nature si vivante, de cette âme si forte et si droite, il ne reste plus rien ici-bas que le souvenir. Hélas, regardez cette tombe entr'ouverte sous nos pas, elle va se refermer pour jamais sur la dépouille mortelle d'Auguste Preux; Dieu l'y a couché soudain par un de ces coups imprévus qui soulèvent toujours chez l'homme comme une sorte de protestation instinctive; à peine nous reste-t-il le temps de lui adresser un dernier adieu auquel nous étions si peu préparés et qu'il n'entendra même plus !

Une indisposition du Président de la Société d'Agriculture, Sciences et Arts me vaut le douloureux honneur qui m'incombe en ce moment. Mais ce n'est pas seulement au sein de cette compagnie qui était fière à juste titre de compter M. Preux parmi ses membres, que j'ai pu le connaître, l'aimer et l'apprécier ; qu'il me soit donc permis, à moi qui fus ailleurs aussi son collègue et son collaborateur, de remettre rapidement sous vos yeux les traits principaux de cette vie si noblement remplie, si prématurément brisée.

Auguste-Humbert-Philippe-François Preux est né à Douai le 20 juillet 1822. Je n'ai point à vous parler de sa famille, la mémoire de son père vénérable que nous conduisions ici il n'y a guère que trois ans est encore vivante dans vos souvenirs ; lui du moins s'éteignait plein de jours, à son foyer, au milieu des siens !

C'est au lycée de Douai qu'Auguste Preux fit ses études, avec cet amour du travail que nous lui avons tous connu, cette ténacité que ne rebutait aucune difficulté, cette intelligence avide de lumière ; il était impossible que le jeune homme chez qui se révélaient déjà ses fortes qualités, n'eût point de grands succès ; en 1840 notamment, il remportait le prix d'honneur de philosophie.

Entraîné loin de Douai peu de temps après par les exigences de la carrière judiciaire de son père, il nous revint en 1847, lorsque M. Preux père fut placé à la tête du parquet de notre Cour. Auguste Preux, alors inscrit au barreau de Douai, se destinait également à la magistrature, il allait y entrer, lorsque survint la Révolution de 1848. Les bouleversements politiques ne sauraient être favorables à des hommes comme M. Preux père, dont l'inflexible droiture ne saurait se plier au hasard des événements; aussi le 27 février, il était révoqué de ses hautes fonctions et son fils voyait se fermer pour quelque temps devant lui la carrière à laquelle il comptait se vouer. Quand la tourmente fut passée, un peu plus d'un an après, Auguste Preux fut nommé substitut du Procureur de la République à Moissac. Ce n'est pas sa biographie que j'ai à vous faire, Messieurs, aussi je ne le suivrai pas dans les divers postes qui lui furent confiés. Successivement substitut à Doullens, à Abbeville, à Amiens et procureur impérial à Hazebrouck, il revint à Douai comme substitut du procureur-général le 19 décembre 1857. En cette qualité d'abord, puis comme avocat-général à partir de 1861, il appartint pendant près de dix-huit années au parquet de la Cour de Douai, et y fut en 1869, nommé chevalier de la Légion-d'Honneur.

Auguste Preux, qui, partout où ses fonctions l'avaient appelé, avait laissé les meilleurs, les plus fidèles souvenirs, s'était, par ce long apprentissage, rompu à toutes les difficultés, à toutes les nécessités des hautes et délicates fonctions dont il était désormais investi. C'est là que je l'ai vu à l'œuvre, Messieurs, et je puis dire, sans crainte d'être démenti, qu'il y fut vraiment un modèle de parfait magistrat. Son infatigable ardeur au travail ne laissait jamais la science courte sur aucun point; son amour du devoir le rendait sévère pour lui-même, il croyait qu'on ne pouvait jamais trop bien faire et nul n'était moins tolérant pour le laisser-aller, la négligence ou l'irrégularité; d'une rigide impartialité, il était avant tout l'homme du droit, et sa conscience solide et droite ne connaissait ni le doute ni l'hésitation. Là où il voyait la justice, il allait d'un pas ferme sans qu'aucune considération pût le faire dévier. A l'audience, sa parole forte et colorée défendait avec une énergie rare des opinions qu'une étude approfondie du sujet rendait inébranlables. Au grand criminel, il exerçait un réel empire sur son auditoire, tant on sentait que son éloquence était le langage d'une âme honnête et convaincue; enfin, pour prendre le mot d'un ancien qui s'y connaissait, il était vraiment le *vir bonus dicendi peritus.*

Aussi, le jour où rendant justice à de si longs et si éclatants services, M. le garde des sceaux le nommait procureur général à Limoges, l'avis de quiconque le connaissait fut unanime : un choix meilleur ne pouvait être fait. Pour moi, je suis assuré qu'aucun chef de parquet ne devait diriger son ressort avec plus de ferme modération, plus d'intelligente autorité, et plus de juste bienveillance que M. Preux.

Il nous avait quittés pour Limoges en 1875 : au mois de septembre 1877, alors que la France traversait une crise difficile, le chef de la justice demanda à son patriotisme un grand sacrifice. Le parquet de Riom allait être vacant, la situation y était troublée et ardue, il y fallait une main ferme et un caractère qui s'imposât. Le garde des sceaux pensa que nul n'était plus à même que le procureur-général de Limoges d'accomplir cette tâche, et bien que la résidence de Riom fût loin de valoir celle qu'il fallait quitter, Auguste Preux accepta. On lui parlait de devoir, de services aux pays, on faisait appel à son dévouement... il se rendit.

Je n'ai pas besoin de vous dire qu'il fut à Riom ce qu'il avait été à Limoges, à Douai ; mais les destins sont changeants. La politique n'avait jamais tenté M. Preux ; sans doute il avait ses convictions, mais, esclave de la justice, il savait les laisser au seuil du prétoire. Il était libéral par nature, mais par dessus tout, il était le serviteur de la loi ! La triste expérience des misères de l'humanité que l'on acquiert dans les parquets lui avait appris combien le principe d'autorité a besoin d'être défendu et sauvegardé dans une société et dans des temps troublés. Il y était donc très attaché. Quoi qu'il en soit, un jour vint où ces sentiments, si bien placés pourtant dans le cœur d'un magistrat, semblèrent n'être plus appréciés comme ils méritaient de l'être. Quand M. Preux avait consenti à aller à Riom, on lui avait promis de reconnaître les services qu'on lui demandait, mais les hommes avaient passé et les promesses aussi. Au lieu des compensations auxquelles il croyait avoir droit, M. Preux recevait en 1878, sans avoir été consulté, l'ordre d'aller prendre la direction du parquet de la Cour d'Agen, la moins importante de France. Il ressentit vivement ce coup imprévu. Depuis plus de vingt-neuf années, il appartenait à ce grand corps judiciaire, une des colonnes de l'ordre social, auquel jusqu'ici nos révolutions ont eu la sagesse de ne point toucher. Il y avait dépensé au service de la France que tous les magistrats aiment d'un même amour, sans distinction de parti, le meilleur de sa vie ; il y avait prodigué son intelligence et son âme ; s'en séparer était le plus douloureux des sacrifices ; et de l'autre côté, il fallait accepter une disgrâce que sa conscience lui disait n'avoir pas méritée et une situation amoindrie dans un ressort nouveau... il ne put s'y résoudre et donna sa démission.

Il ne m'appartient pas de juger ces faits, Messieurs, je ne le voudrais point faire d'ailleurs, devant cette tombe qui nous raconte l'inanité des grandeurs humaines, mais ce que je puis dire, d'accord avec vous tous, c'est que c'est un grand malheur pour un pays que de voir les dissensions politiques en venir à ce point que son gouvernement se croie obligé de renoncer à la collaboration et aux services d'hommes tels que MM. Preux père et fils.

J'en ai fini, Messieurs, avec la carrière judiciaire, si malheureusement brisée de celui que nous pleurons.

Il revint parmi nous et de suite se remit au travail. Si dévoué qu'il eût été à ses fonctions, il avait toujours trouvé le temps de se livrer à d'autres études.

L'histoire, l'archéologie, la sigillographie, la numismatique, le sollicitaient tour à tour et c'est ici surtout qu'il faudra me borner, tant est grande et variée la masse des travaux qu'il nous a laissés.

En 1849, il remportait un prix proposé par la Société d'Agriculture, Sciences et Arts pour sa traduction des parties relatives à l'histoire de Douai, de l'ouvrage du père Buzelin, intitulé *Gallo-Flandria.* Notre compagnie lui décerna dès cette année, le titre de membre correspondant qu'il échangea en 1859, lors de son retour à Douai, contre celui de membre résidant. Il devint alors un des hôtes les plus assidus de nos séances et des plus laborieux que nous ayons comptés dans nos rangs. Vous l'avez nommé secrétaire-adjoint de 1861 à 1864, secrétaire général de 1864 à 1868, vice-président en 1869 et 1871, président en 1870. Vous l'aviez l'an passé réélu vice-président, il l'était à l'heure présente, et nous comptions le revoir l'an prochain à notre tête. Pendant ces longues années, il a fait partie de plusieurs de vos commissions, il a de 1872 à 1875 dirigé les séances de celles d'art, d'archéologie et d'histoire locale. Il serait beaucoup trop long de vous faire ici même une sèche énumération des travaux dont nous lui avons dû la primeur. Ses comptes-rendus comme secrétaire étaient marqués au sceau d'une critique éclairée, et nos mémoires renferment maintes pages de lui qui témoignent de la vérité de ses recherches et de la solidité de son savoir. Avant M. Wauters, archiviste de Bruxelles, il avait retrouvé notre grand peintre douaisien Jean Bellegambe, et l'avait désigné à l'une de nos commissions comme l'auteur du célèbre rétable d'Anchin, aujourd'hui à l'église Notre-Dame.

Numismate très distingué, collectionneur émérite, il avait réuni de véritables trésors. Sa collection de matrices de sceaux, petits monuments historiques, absoluments dédaignés autrefois, si recherchés aujourd'hui, est la plus complète, la plus riche qui existe.

Il avait fondé, de concert avec quelques amis dont je m'honore d'avoir fait partie, le recueil archéologique : *Les Souvenirs de la Flandre-Wallonne*, qui compte déjà dix-huit volumes. Très versé dans l'étude du blason, guide indispensable de l'archéologue, M. Preux préparait un armorial général de la région du nord de la France, conçu sur un plan tout nouveau et des plus ingénieux.

Je n'en finirais pas, Messieurs, si je voulais tout dire. Quand je pense que notre collègue n'avait que 57 ans, qu'il était dans toute la force de l'âge mûr, en pleine vigueur d'intelligence, disposant désormais de tout son temps, je ne puis m'empêcher de trouver plus amer, j'oserai dire plus intolérable encore, le coup qui nous l'enlève. Ah ! la résignation est difficile, à la pensée de tant de travaux inachevés, de tant de science perdue, de tant d'espérances enfouies dans la tombe !

Oui, la résignation est difficile, et pourtant je ne vous ai parlé que de l'homme public, que du savant, que de l'écrivain, et je ne vous ai rien dit encore de l'homme privé.

Ici du moins, ma tâche sera facile, vos cœurs ajouteront à mes paroles tout ce qui leur manquera.

Vous vous rappellerez l'ami sûr et dévoué qu'il était, vous n'oublierez jamais ce caractère franc et loyal, cet esprit ouvert et vivace qui abordait tant de sujets avec une si réelle compétence et vos regrets le suivront dans la mort. Mais si la résignation nous est difficile, Messieurs, à nous ses collaborateurs, ses amis, que doit-elle être pour les siens ! Ce n'est qu'avec effroi que je pense à ce que doivent éprouver en ce moment la digne compagne de sa vie, sa sœur, sa fille et son gendre (1) qui venaient de lui être rendus par ces mêmes exigences de la politique dont il avait été victime, son jeune fils, surtout, seul témoin de l'affreuse catastrophe, qui a recueilli son dernier regard au milieu d'une foule indifférente et affairée, son fils qui peut au moins trouver quelque consolation à sa douleur dans la pensée qu'il a donné à son père sa dernière joie, par le couronnement de brillantes études.

Oui, Messieurs, ce sont là des déchirements et des souffrances pour lesquels il n'est point de consolations. Nos regrets ne les adouciront point, car ils ne font que témoigner de l'immensité de la perte.

(1) M. le baron de La Batut, ancien secrétaire-général de la Haute-Vienne et de l'Eure.

Allocution
prononcée par M. le Commandant Tronsens,
Président de l'Association Douaisienne
des Membres de la Légion-d'Honneur.

Messieurs,

La mort qui ne se lasse pas de frapper, semble se complaire à éclaircir les rangs de l'Association douaisienne de la Légion d'Honneur dont je suis l'interprète à cette funèbre cérémonie.

Il y a peu d'années, nous avions la douleur d'accompagner ici, le magistrat éminent, M. Preux, que notre Asssociation s'honorait d'avoir à sa tête: aujourd'hui, c'est à son fils qui, naguère magistrat comme lui, avait hérité de ses vertus et de ses talents, que nous rendons les derniers honneurs.

Dans cet espace de temps si court, que de membres nous avons perdus, depuis notre bien regretté président jusqu'à notre co-sociétaire, l'honorable M. Colincamp, dont la fin prématurée nous attriste encore ! Nous ne pensions pas, en assistant, il y a six jours, à ses obsèques, qu'une douleur nouvelle nous était si tôt réservée, et qu'elle devait être, je ne dirai pas plus grande, mais plus poignante, en raison des cruelles circonstances qui ont accompagné la mort de M. Preux.

Pourquoi a-t-il fallu, qu'au milieu de la joie que causait à sa famille le brillant succès obtenu par son jeune fils, qu'un malheur aussi grand qu'inattendu vînt, en un instant, noyer toute cette joie dans le deuil et empoisonner un triomphe qui devait être si doux ?

Laissons à la Providence ses impénétrables secrets, et permettez-moi, Messieurs, de ne pas retenir votre esprit devant un tableau si désolant ! Consolons-nous plutôt, si c'est possible, en songeant que le dernier jour de la vie de cet homme de bien, a été un jour de bonheur, et espérons que sa famille éplorée cherchera et trouvera souvent dans cette pensée, un adoucissement à son immense infortune !!

Quant à nous, légionnaires, qui étions si fiers de le posséder dans notre Association, et qui le saluons une dernière fois, nous n'oublierons pas la noblesse de son caractère, l'élévation de son esprit, sa bienveillance extrême, en un mot toutes les brillantes qualités qui distinguaient M. Preux et qui nous le rendaient si cher.

Adieu, bien regretté collègue, encore une fois, adieu !

Revue de la Numismatique Belge.

Nécrologie.

AUGUSTE PREUX.

Dans sa dernière livraison, la *Revue belge de Numismatique* donnait une notice nécrologique sur M. Minart, de Douai, par M. Preux, son compatriote. Qui aurait pensé que l'auteur aurait eu la sienne dans la livraison suivante ? M. Minart avait terminé sa carrière à l'âge de 85 ans, mais M. Preux n'en avait que 57 quand la mort l'a frappé.

Auguste Preux, né à Douai, le 20 juillet 1822, était le fils unique d'un magistrat éminent, décédé premier président honoraire à la Cour d'Appel de cette ville. Il fit de brillantes études, couronnées par le prix d'honneur en philosophie. Peu d'années après, avocat au barreau de Douai, il s'y faisait remarquer par son savoir et son éloquence. En 1849, il entrait comme substitut dans la magistrature ; il en sortait, vingt-neuf ans après, comme procureur-général de Riom. En 1869, il avait été nommé chevalier de la Légion-d'Honneur.

Le discours prononcé sur sa tombe par M. le conseiller Maurice a retracé à grands traits la belle vie du magistrat distingué, de l'époux affectueux, de l'excellent père, de l'ami dévoué, si digne de la considération publique et de la profonde estime de tous ceux qui l'ont connu.

Je ne parlerai dans cette courte notice que de l'historien érudit et du savant numismate.

Preux a toujours aimé avec passion la numismatique, la sigillographie et l'histoire locale. Malgré les grands devoirs de sa profession, qui ne lui laissaient guère de repos, il trouvait encore des loisirs pour compulser les archives et les bibliothèques, et des veilles pour ses chères études. Son érudition était solide et variée. Il avait une remarquable puissance d'investigation. C'est avec plaisir que le docte douaisien communiquait ses découvertes ; c'est avec un obligeant empressement qu'il se mettait à la disposition de ses collègues : quelle satisfaction n'éprouvait-il pas quand il pouvait faciliter leurs recherches et leurs travaux !

En 1878, Preux avait quitté la magistrature, après avoir refusé la direction du parquet de la cour d'Agen ; il revint habiter le lieu de sa naissance, où il avait laissé tant d'amis. Il dut s'apercevoir bien vite par l'affectueuse estime de ses concitoyens qu'ils ne l'avaient pas oublié. Dès lors, il ne s'occupa plus que de sa famille, de ses amis, de ses études favorites et de ses belles collections. Il reprit avec une nouvelle ardeur ses travaux sur l'histoire locale, le blason et la numismatique, et ne cessa d'enrichir son cabinet. Hélas! la mort allait bientôt le surprendre, au moment même où il se flattait de l'espoir de se livrer tout entier à ses goûts de prédilection.

Il est presque inutile de dire que Preux fit partie de beaucoup de Sociétés savantes. Il fut un des membres les plus actifs de la *Société d'Agriculture, des Sciences et des Arts séant à Douai*, qui l'avait élu son vice-président et qui devait l'avoir bientôt à sa tête. Il coopéra largement au succès des *Souvenirs de la Flandre-Wallonne*, revue douaisienne qu'il avait créée avec d'autres érudits et qu'il enrichit d'articles importants. Il fournit de curieux travaux à la *Revue belge de Numismatique* et à l'*Annuaire de la Société française de Numismatique et d'Archéologie*. Il publia des notices dans le *Recueil de Sphragistique* et donna des articles au *Bulletin de la Commission historique du département du Nord*, au

Bulletin de la Société des antiquaires de la Morinie, aux *Annales du bibliophile belge* et à la *Revue nobiliaire*. Il convient de citer aussi ses *discours de rentrée à la Cour de Douai* sur des sujets intéressants de l'ancienne législation. J'ajouterai encore à cette longue liste deux ouvrages anonymes publiés en collaboration avec des amis : *Nouveau guide de l'étranger dans Douai* et le *Musée de Douai depuis son origine jusqu'à ses derniers accroissements*.

Ce travailleur infatigable préparait pour la *Revue belge de Numismatique* deux notices sur des médailles et jetons inédits trouvés dans la collection Minart. Il s'était occupé d'une *Liste des établissements ou localités de France pour lesquels il a été frappé des jetons*, travail qui fut abandonné. Nous avions entrepris ensemble pour les *Annales du Comité flamand de France* la *Numismatique de la Flandre maritime*, dont la publication a été arrêtée à la mort de M. de Coussemaker, le docte président de cette Société.

Mais un trésor inestimable que Preux augmentait sans cesse, c'est l'immense recueil de notes qu'il avait recueillies de toutes parts, qu'il avait puisées aux meilleures sources, sur les anciennes familles du nord de la Fance et sur leurs armoiries. Cette œuvre de bénédictin, fruit de trente-sept ans de recherches assidues, devait servir à un ouvrage qu'il préparait et qui lui aurait certainement mérité un beau nom dans la science héraldique.

Il importe de citer les riches collections du savant amateur douaisien. Elles comprennent : 1° Onze cents matrices de sceaux, formant une suite très remarquable et sans doute la plus nombreuse qui existe ; 2° Des séries fort importantes de jetons et de méraux ; 3° Une grande quantité d'*ex libris* rassemblés en vue de faciliter les recherches héraldiques ; 4° Une belle bibliothèque, composée d'un choix d'ouvrages sur le droit, l'histoire locale, la numismatique, la sigillographie et le blason.

Cette esquisse permettra d'apprécier l'importance de la perte que la science vient de faire; mais elle ne saurait exprimer assez les vifs regrets que cause une mort si prématurée. En terminant, je puis dire que les amis et les collègues d'Auguste Preux garderont pieusement sa mémoire et que son nom sera toujours honoré parmi nous.

DANCOISNE

M. Auguste-Humbert-Philippe-François Preux, chevalier de la Légion-d'Honneur, ancien magistrat, membre et ancien président de la Société d'agriculture, sciences et arts de Douai, etc., né à Douai (Nord), le 20 juillet 1822, est mort à Paris le 29 novembre 1879. Entré dans la magistrature en 1849, M. Preux, après avoir occupé de nombreux postes dans les ressorts d'Amiens et de Douai, était parvenu aux fonctions de procureur général à Limoges et en dernier lieu à Riom. Après avoir refusé en 1878 d'accepter la même position à la Cour d'Agen, il était venu se fixer dans sa ville natale, où il se livrait exclusivement dès lors à ses études d'histoire et d'archéologie, lorqu'il a été enlevé instantanément par une affection de cœur. On lui doit un grand nombre de mémoires et de notices, dont voici la liste : Sceau de l'hôtel des nobles à Douay (*Recueil des travaux de la Société de Sphragistique*, t. II, p. 33 40) ; — Essai sigillographique sur l'abbaye du Saint Sépulcre de Cambray (id., t. III, p. 197-211) ; — Lettre à M. Forgeais, sur une charte de Barthélémy de Laon, en faveur de l'abbaye d'Anchin (id., t. IV, p. 25-30) ; — Lettre à M. le docteur Le Glay sur les gravures de la *Flandria illustrata* de Sanderns (*Bulletin de la Commission historique du Nord*, t. V, p. 86-89) ; — L'Université de Douai à la prise de cette ville en 1710 (*Mémoires de la Société d'agriculture, sciences et arts de Douai*, 2e série, t. V, p. 133-158 ; — Rapport sur le concours d'histoire, 1861 (id., 2e série, t. VI, p. 45-53); — Rapport sur le concours d'histoire, 1863 (id., 2e série, t. VII, p. 31. 39); — Lettre à M. de Coster sur quelques jetons et méreaux (*Revue de la nnmismatique belge*, 3e série, t. IV, p. 330-347);

— Jetons français relatifs à la paix des Pyrénées et au mariage de Louis XIV avec l'infante d'Espagne (id, 4e série, t. III, p. 121-139) ; — Lettre sur les jetons au type du Puits (id., non signé) ; — Inventaire des sceaux relatifs à Saint-Omer qui se trouvent aux archives départementales à Arras (*Bulletin de la Société des Antiquaires de la Morinie*, 13e année, p. 261 p.); — Chartes relatives à la collégiale de Lillers (id., id., p. 268) ; — Lettres sur quelques cartes armoriales de la Belgique (*Annales du bibliophile belge et hollandais*, t. II, p. 144); — Les Bannis de Douai et la franchisse de Saint Pierre d'Août (*Souvenirs de la Flandre-Wallonne*, t. I, (1861) ; — Fragments d'épigraphie locale ; — Le gouvernement français et l'échevinage de Douai en 1669 ; — Le Collier de Jean-sans-Peur (id.) ; — Anciens artistes douaisiens, peintres, sculpteurs, peintres-verriers (id., t. II) ; — Médailles et méreaux ; — Résurrection d'un grand artiste : Jehan Bellegambe, peintre du rétable d'Anchin ; — Un passeport périmé ; Souvenirs du siège de Douai en 1710 (id.) ; Gilles Petit, écrivain lillois du dix-septième siècle (id., III) ; — Le Graveur Guillaume du Mortier ; — Jacques Le Saige, le Pélerin ; — L'avouerie de Rumaucourt (id.) ; — Le nouvel an au temps jadis (id. t. IV.) — Jehan Marlart, le peintre Cigame ; — Manufactures des villes et châtellenie de Lille en 1764 (id.) ; — Fragments d'épigraphie (id, t. V.) ; — Notice sur la famille douaisienne Théry de Gricourt et sur ceux de ses membres qui ont cultivé les beaux-arts (id., t. VI) ; — Essai d'iconographie religieuse douaisienne (id., t. VIII) ; — Correspondance de M. Le Febvre d'Orval avec MM. de Chamillart et Voisin, de 1706 jusqu'en 1712 (id., t. XV). (Plusieurs de ces articles ont été tirés à part, quelques-uns ne sont pas désignés) — Jetons des états de Bourgogne (*Annuaire de la Société française de numismatique*

1867); — Armorial comique (*Revue nobiliaire* t. IV. p. 337); — Extraits d'un manuscrit de la cour d'appel de Douai (*Bulletin du comité flamand de France* t. VII); — De la sûreté des personnes au moyen âge dans le nord de la France et principalement dans la Flandre Wallonne; — Discours prononcé à l'audience de rentrée de la cour de Douai en 1861 (*Douai, Wartelle*, in-8, 58 p.); — La justice civile et criminelle dans les cahiers de 1789. Discours de rentrée de 1864 (*Douai, Wartelle*, in-8, 72 p.); — De la naturalisation. Discours de rentrée de 1860 (*Douai, Six*, 1869, in-8, 58 p.); — Installation de M. Preux, en qualité de procureur général, près la Cour d'appel de Limoges. Discours (*Limoges veuve Ducourtieux* 1875, in-8); — Nouveau guide de l'étranger dans Douai (*Douai, Crépin*, 1862, in-18, non signé, en collaboration avec M. le Dr Maugin fils). M. Preux laisse, en outre, de nombreux travaux manuscrits sur l'histoire du Nord, sur l'archéologie et la numismatique, ainsi qu'une biographie des chevaliers de Saint-Michel, depuis le dix-septième siècle.

MARSY.

(Extrait du Polybiblion).

Douai, imp. A. Duramou, rue Saint-Jacques, 60.

www.ingramcontent.com/pod-product-compliance
Ingram Content Group UK Ltd.
Pitfield, Milton Keynes, MK11 3LW, UK
UKHW020452180726
13839UKWH00004B/1776